Leben mit Gott

von Pater Michael Ramm FSSP

Verwendung des Titelbildes
mit freundlicher Genehmigung Sarto Verlag

ISBN: 978-3-96316-035-6

Imprimi potest
Rev.mus D.nus. P. Andrzej Komorowski
superius generalis FSSP
Friburgi Helvetiorum,
die 4 mensis Maii A. D. 2020

Den Glauben leben

Liebe Freunde!

Es ist wichtig, dass wir unseren Glauben gut kennen. Es darf aber nicht nur beim reinen Wissen bleiben. Vor allem ist es wichtig, dass wir unseren Glauben leben!

Die Kirche gibt es nun schon seit vielen hundert Jahren. Seit ihrer Gründung durch Jesus Christus sind bereits mehr als 2000 Jahre vergangen. In dieser Zeit ist viel passiert. Die gläubigen Menschen aller Jahrhunderte haben viel erlebt und wunderschöne Traditionen und Bräuche entwickelt. So manch übernatürliches Eingreifen Gottes hat sich in der Kirchengeschichte ereignet. In diesem Teil unseres Religionsunterrichtes sollt ihr einiges darüber erfahren. Viel Freude bei diesem spannenden Abenteuer!

Gebet vor dem Unterricht

Heiliger Geist!
Erleuchte unseren Verstand
mit Deiner Wahrheit,
erfülle unser Herz
mit Deiner Liebe
und stärke unseren Willen
mit Deiner Kraft,
damit wir meiden,
was Dir missfällt,
und lieben und tun,
was Dir gefällt,
durch Christus, unseren Herrn!
Amen.

Sakramentalien

Bestimmt weißt du schon, was ein Sakrament ist: Ein äußeres (sichtbares) Zeichen, das eine innere (unsichtbare) Gnade vermittelt und von Jesus Christus eingesetzt wurde.

Außer den 7 Sakramenten kennt die Kirche auch noch eine Vielzahl anderer Zeichen, die nicht von Jesus, sondern von der Kirche eingesetzt wurden. Man nennt sie 'Sakramentalien'. Es sind heilige Zeichen, die in gewisser Nachahmung der Sakramente eine geistliche Wirkung haben.

Die Kirche kennt einen großen Reichtum an Sakramentalien und segensreichen Bräuchen. Es ist gut, das die sehr unterschiedlichen Menschen aus diesem Reichtum das auswählen können, was für sie ansprechend und richtig ist.

Wenn du also in diesem Heft viele Sakramentalien und katholische Bräuche kennenlernst, soll das nicht heißen, dass du sie alle annehmen und pflegen sollst. So ist es nicht gedacht. Du sollst auswählen, was dir gefällt und was zu dir passt. Ist es vielleicht das vertrauensvolle Tragen der Wundertätigen Medaille, was dich anspricht? ... oder das Tragen des Skapuliers? Bestimmt spricht dich das ein oder andere an. Wenn du die Dinge auswählst, die gut zu dir passen, werden diese Sakramentalien dir helfen, näher zu Gott zu finden.

Inhaltsverzeichnis

Herz-Jesu-Verehrung

Wenn uns etwas besonders wichtig ist, sagen wir: *"Das liegt mir am Herzen."* Eine Rede, ein Gruß oder ein Wort ist herzlich, wenn es aus innerer Überzeugung gesprochen wird. Fehlt diese Überzeugung, ist die Rede kühl und herzlos.

Eine Kleinigkeit, wie z.B. ein selbstgemaltes Bild, kann, wenn es von Herzen kommt, einen tausendmal höheren Wert haben, als jede noch so teure Gabe, die nicht von Herzen kommt. Das Herz steht für innere Überzeugung und ist ein Symbol für echte Liebe.

Die Verehrung des heiligsten Herzens Jesu zielt auf eben diese echte Liebe. Auf die Liebe, mit der sich Jesus für uns verzehrt hat und sein Leben für uns hingegeben hat. Auf die Liebe, mit der Jesus uns liebt. Diese Liebe ist rein und echt. Es ist eine vollkommene Liebe.

Geschichte der Herz-Jesu-Verehrung

Die Verehrung des heiligsten Herzens Jesu hat eine sehr lange Geschichte. Schon um das Jahr 1200 verfasste der heilige Hermann Joseph das älteste Herz-Jesu-Lied: *"Sei gegrüßt, o Herz des höchsten Königs."*

Auch Thomas von Kempen, der uns die weltberühmte Schrift *"Die Nachfolge Christi"* schenkte, war ein glühender Verehrer des heiligsten Herzens Jesu. Heinrich Seuse, der heilige Albertus Magnus, ... alles deutsche Namen, die mit der Verehrung des heiligsten Herzens Jesu in enger Verbindung stehen.

Herz-Jesu-Freitag

Ein Ereignis, das sich in den Jahren 1673 bis 1675 in Frankreich ereignete und auf der ganzen Welt wahrgenommen wurde, gab der bereits vorhandenen und überaus segensreichen Verehrung des heiligsten Herzens Jesu die Bestätigung des Himmels.

Was hat sich in diesen Jahren in Frankreich ereignet?

Am 27. Dezember 1673 hatte die heilige Ordensschwester Margareta Maria Alacoque eine Vision, in der ihr vom Herrn Einblick in die so genannte Herz-Jesu-Spiritualität gewährt wurde. Von diesem Zeitpunkt an wurde sie zur Schülerin des Herzens Jesu. Die Visionen waren die Unterrichtsstunden.

Am ersten Freitag eines jeden Monats wiederholten sich für Margareta Maria Alacoque die Visionen, die Lehrstunden in der Schule des heiligsten Herzens Jesu. Deshalb ist bis heute jeder 1. Freitag im Monat Herz-Jesu-Freitag.

Demjenigen, der den Herz-Jesu-Freitag hält, also am 1. Freitag des Monats beichtet, die Hl. Messe be-

sucht und andächtig kommuniziert, verspricht der Herr große Gnaden. Ein besonderes Versprechen, das der Herr der heiligen Ordensschwester gab, besagt, dass derjenige, der neun aufeinanderfolgende Herz-Jesu-Freitage hält, die Gnade aufrichtiger Reue in der Todesstunde bekommt und nicht ohne den Empfang der Sterbesakramente sterben muss.

Am Herz-Jesu-Freitag bitten wir den Herrn, dass er unsere Herzen umgestaltet, dass er unsere Herzen nach seinem Herzen bildet. Wenn wir in diese Herzenseinheit mit dem Herrn eintreten, beeinflusst das unser ganzes Leben: Unser Denken, unser Wollen und unser Tun. Damit das geschieht, bitten wir den Herrn: *"Bilde unser Herz nach Deinem Herzen!"*

Das Herz-Jesu-Fest

Auch am 19. Juni 1675 erschien Jesus der heiligen Margareta Maria Alacoque, die gerade vor dem Tabernakel kniete und betete. Er zeigte ihr sein Herz und sagte: *"Sieh hier das Herz, das die Menschen so sehr liebt, ...".*

Jesus wollte, dass der erste Freitag nach der Fronleichnamsoktav ein besonderer Festtag zur Verehrung seines heiligsten Herzens werde. Er versprach allen besondere Gnaden, die an diesem Tag die heilige Kommunion empfangen und Wiedergutmachung (Sühne) leisten für alle Beleidigungen, die dem Herrn durch die Sünden der Menschen zugefügt werden. Knapp 100 Jahre nach dieser Erscheinung führte der Papst das Herz-Jesu-Fest ein.

Die Herz-Jesu-Thronerhebung

Zu Beginn des 20. Jahrhunderts weihte Papst Leo XIII. die Welt dem Heiligsten Herzen Jesu.

Pater Mateo, ein Priester der Genossenschaft von den Heiligsten Herzen Jesu und Mariä, erkannte darin ein großes Heilmittel für unsere Tage. Er fasste den Plan, die Weltweihe in den einzelnen katholischen Familien wirksam zu machen.

Durch die Aufstellung eines Herz-Jesu-Bildes an einem Ehrenplatz im Haus, soll der Segen Gottes auf die Familie herabgerufen werden. Er nannte diese Weihe "Herz-Jesu-Thronerhebung".

Bevor Pater Mateo sein Apostolat begann, reiste er nach Rom, um vom Heiligen Vater die Erlaubnis und den Segen für dieses Werk zu erbitten. Papst Pius X. sagte damals zu ihm: "*Nein, mein Sohn, ich gebe ihnen diese Erlaubnis nicht. Verstehen sie mich? Ich erlaube ihnen nicht, ich befehle ihnen, ihr Leben diesem Werk zu weihen. Es ist ein wundervolles Werk.*"

Auch die nachfolgenden Päpste haben die Herz-Jesu-Thronerhebung einstimmig bestätigt und gutgeheißen.

Zur heiligen Margareta Maria Alacoque sagte der Herr: *"Ich werde die Häuser segnen, in denen das Bild meines Herzens aufgestellt und verehrt wird."*

Mit der Herz-Jesu-Thronerhebung erkennt die Familie offiziell die Herrschaft Christus des Königs über die eigene Familie an. Alles was sich in der Familie ereignet, ob Freud oder Leid, wird dadurch der liebevollen Fürsorge des Herrn anvertraut. Das Herz-Jesu-Bild soll alle Familienmitglieder jederzeit an diese Weihe erinnern.

Die Herz-Jesu-Thronerhebung

Verpflichtungen

Die Familienweihe verlangt von allen Familienmitgliedern ein Leben gemäß den christlichen Geboten. Insbesondere verpflichtet sich die Familie:

1. zum Pflegen des gemeinschaftlichen Gebetes.

2. zur Hochschätzung der Heiligen Messe und zur treuen Erfüllung der Sonntagspflicht.

3. keine schlechten Medien oder Schriften im Haus zu dulden.

Die Weihe verpflichtet insbesondere zu einem Umgang mit den modernen Medien, der jede schlechte Einflussnahme auf die Familie zu verhindern sucht.

4. zur Heilighaltung der Ehe.

Zeremonie der Herz-Jesu-Thronerhebung

Die Herz-Jesu-Thronerhebung sollte an einem kirchlichen Feiertag oder einem wichtigen Gedenktag der Familie vorgenommen werden. Zusammen mit einem Priester wird folgende Zeremonie an dem Ort vorgenommen, an dem das Herz-Jesu-Bild seinen Ehrenplatz bekommen soll:

Priester: Im Namen des Vaters...

Alle: Amen.

Priester: Unsere Hilfe ist im Namen des Herrn,

Alle: Der Himmel und Erde erschaffen hat.

Priester: Der Herr sei mit euch!

Alle: Und mit deinem Geiste!

Priester: Lasset uns beten!

Allmächtiger, ewiger Gott, du missbilligst es nicht,
deine Heiligen in Statuen oder Gemälden darzustellen.
So oft wir diese Bilder mit unseren leiblichen Augen betrachten, sollen wir auch mit den Augen des Geistes die Taten
und Tugenden der Heiligen betrachten, um sie nachzuahmen. Wir bitten dich, segne und heilige dieses Bild zur Ehre deines eingeborenen Sohnes, unseres Herrn Jesus Christus.
Gib allen, die vor diesem Bilde deinen eingeborenen Sohn
mit Andacht und Eifer verehren,
durch seine Verdienste, Gnade für das gegenwärtige Leben
und eins die Erlangung der ewigen Herrlichtkeit.
Durch Christus, unsern Herrn.
ALLE: Amen.

Nun sprechen alle gemeinsam das ***Glaubensbekenntnis****:*
Ich glaube an Gott, den Vater, den Allmächtigen, ...

Es folgt eine kurze ***Ansprache*** *des Priesters über Sinn und Bedeutung der Herz-Jesu-Thronerhebung...*

WEIHE AN DAS HEILIGSTE HERZ JESU

ALLE: Heiligstes Herz Jesu, du hast der heiligen Margareta Maria deinen Wunsch kundgegeben, über die christlichen Familien zu herrschen. So kommen wir denn heute, um deine Herrschaft über unsere Familie offen zu bekennen.

Wir wollen nach deinem Vorbild leben
und uns bemühen, jene Tugenden erblühen zu lassen,
welchen du den Frieden hier auf Erden schon versprochen hast;
wir wollen den Geist dieser Welt, über welchen du den Fluch ausgesprochen hast, weit von uns verbannen.

So herrsche denn über unsern Verstand durch den Glauben,
herrsche auch über unsere Herzen durch die Liebe,

in der sie ohne Vorbehalt für dich brennen soll
und deren Glut wir durch den häufigen Empfang
der heiligen Kommunion wach erhalten wollen.
Würdige dich, o göttliches Herz, uns vorzustehen,
so oft wir zusammenkommen;
unsere geistlichen und zeitlichen Unternehmungen zu segnen;
unsere Sorgen zu zerstreuen;
unsere Freuden zu heiligen
und unsere Leiden zu lindern.

Sollte jemals einer von uns das Unglück haben, dich zu betrüben,
so erinnere ihn daran, dass du, o Herz Jesu
gütig und barmherzig bist gegen den reuigen Sünder.
Und wenn die Stunde der Trennung schlägt,
wenn der Tod kommt und seine Trauer über uns ausbreitet,
so wollen wir alle deinen ewigen Ratschlüssen uns unterwerfen.
Wir wollen uns mit dem Gedanken trösten, dass ein Tag kommen wird,
an welchem unsere ganze Familie, im Himmel vereinigt,
auf immer deine Herrlichkeit und deine Wohltaten wird preisen können.

Das unbefleckte Herz Mariä
und der glorreiche Patriarch, der heilige Joseph,
mögen dir diese Weihe darbringen und alle Tage unseres Lebens
uns daran erinnern.

Es lebe das Herz Jesu, unseres Königs und Herrn! Amen.

Weihe an das Heiligste Herz Mariä

Priester: Unbeflecktes Herz Mariä,
Mutter des Herrn und unsere Mutter!
Deinen göttlichen Sohn
haben wir als König über unsere Familien ausgerufen
und sein Bild auf den Ehrenplatz in unserem Hause gestellt.
Nun weihen wir uns auch deinem unbefleckten Mutterherzen:

ALLE: Sei du Königin und Mutter unserer Familie,
in Glück und Unglück, in Freude und Schmerz,
in gesunden und kranken Tagen,
im Leben und im Tode herrsche du über uns!
Wache über unsere Seelen, du treu besorgtes Mutterherz!
Bewahre sie vor Stolz, Unreinheit und Lieblosigkeit.

Wir wollen die vielen Frevel sühnen,
die gegen Jesus und dich begangen werden.

Möge der Friede Christi über unsere Familie
und über alle Familien unserer Heimat
und der ganzen Welt herabkommen!

Wir versprechen dir, die christlichen Grundsätze
zur Richtschnur unseres Denkens und Handelns zu machen
und das sakramentale Leben eifrig zu pflegen. Amen.

WEIHE DER KINDER

KINDER: Heiligstes Herz Jesu,
du hast nun deinen Thron in unserem Hause aufgeschlagen.
Du sagtest: "Lasst die Kinder zu mir kommen".

Lieber Heiland,
wir knien zu deinen Füßen und versprechen dir, uns zu bemühen,
dir stets Freude zu bereiten.

Nimm unsere Herzen, mache sie rein, heilig und glücklich.
Nimm unseren Leib und unsere Seele!
Alles, was wir denken, reden und tun, weihen wir dir.
Amen.

FÜR DIE ABWESENDEN UND VERSTORBENEN MITGLIEDER DER FAMILIE

PRIESTER: Wir wollen in dieser Gnadenstunde für alle Abwesenden und für die verstorbenen Familienmitglieder beten:

ALLE: Vater unser...

DANKGEBET - PRIESTERLICHER SEGEN

ALLE: So lass uns also, göttlicher Meister, mit dir vereint leben
und dereinst in deiner Liebe unsere Tage beschließen.
Für immer sollen in unserem Hause
die vereinten Herzen Jesu und Mariä
geliebt und verehrt werden! Amen.

PRIESTER: So segne euch und eure ganze Familie
der allmächtige und barmherzige Gott: Der Vater, ...

ALLE: Amen.

Die Geschichte von Fatima

Wenn zwei Menschen herzlich miteinander verbunden sind, sagt man: *"Sie sind ein Herz und eine Seele".*

Genauso ist es auch bei Jesus und seiner Mutter Maria. Sie sind aufs Engste miteinander verbunden und bilden eine vollkommene Herzens-einheit. Bestimmt wundert es Dich deshalb nicht, dass wir auch das Herz Mariens sehr verehren. Die heiligsten Herzen Jesu und Mariä gehören zusammen und bilden eine Einheit. Wir sprechen deshalb von den vereinigten Herzen Jesu und Mariä.

Ein Wallfahrtsort in Portugal ist eng mit der Verehrung des Herzens Mariens verbunden: In Fatima erschien die Gottesmutter drei Hirtenkindern und gab ihnen eine Botschaft, die große Bedeutung für die ganze Welt haben sollte. Wir wol-len nun die spannende Geschichte von Fatima kennenlernen:

Die Geschichte von Fatima

Lucia, Francisco und Jacinta waren drei ganz gewöhnliche Hirtenkinder, die tagsüber in einem kleinen Ort in Portugal gemeinsam ihre Schafe hüteten.

Eines Tages erschien ihnen, während sie mit ihren Schafen auf den Weiden waren, ein Engel. Sie waren gerade am Spielen, als, ganz unerwartet ein heftiger Windstoß aufkam, der die Bäume regelrecht schüttelte. Als die Kinder aufblickten, sahen sie einen wunderschönen Jüngling, der von einem Olivenbaum her auf sie zukam. Er sagte zu ihnen: *"Fürchtet euch nicht! Ich bin der Engel des Friedens. Betet mit mir!"* Er kniete sich nieder, beugte seine Stirn zur Erde herab und betete: *"Mein Gott, ich glaube an Dich, ich bete Dich an, ich hoffe auf Dich, ich liebe Dich. Ich bitte Dich um Verzeihung für jene, die nicht an Dich glauben, Dich nicht anbeten, nicht auf Dich hoffen und dich nicht lieben. Amen."* Danach erhob sich der Engel und sagte: *"So sollt ihr beten. Die Herzen von Jesus und Maria hören auf die Stimme eures Gebetes."*

Die Erscheinung und die Worte des Engels prägten sich tief ins Gedächtnis der drei Kinder ein.

Einige Zeit später erschien den Kindern der Engel erneut. Er sagte zu ihnen: *"Betet, betet viel! Die Herzen Jesu und Mariens wollen euch Barmherzigkeit erweisen. Bringt ständig dem Allerhöchsten Gebete und Opfer dar."* Auf die Frage Lucias, wie sie denn Opfer bringen könnten, antwortete der Engel: *"Bringt alles, was ihr könnt, dem Herrn als Opfer dar, als Akt der Wiedergutmachung für die Sünden, durch die er verletzt wird, und als Bitte um die Bekehrung der*

Sünder. Gewinnt somit über euer Vaterland den Frieden. Ich bin sein Schutzengel, der Engel Portugals. Vor allem nehmt an und tragt mit Ergebung die Leiden, die der Herr euch schicken wird." Als der Engel verschwand, verdeutlichte er noch einmal seine Aufforderung: *"Die kleinen Opfer der Kinder sind dem Herrn kostbar: denn sie sind machtvoll bei der Bekehrung der Bösen."*

Von diesem Zeitpunkt an begannen Lucia, Francisco und Jacinta mit großer Freude, Gott alles aufzuopfern, was ihnen unangenehm war. Oft sprachen sie das vom Engel gelernte Gebet: *"Mein Gott, ich glaube an Dich, ..."*

Die Geschichte von Fatima

Noch ein drittes Mal erschien der Engel den Kindern. Diesmal hielt er in seiner linken Hand einen Kelch, über dem eine Hostie schwebte. Der Engel kniete sich nieder und betete dreimal folgendes Gebet: *"Heiligste Dreifaltigkeit, Vater, Sohn und Heiliger Geist! Ich bete Dich in tiefster Ehrfurcht an. Ich opfere Dir auf den kostbaren Leib und das Blut, die Seele und die Gottheit unseres Herrn Jesus Christus, gegenwärtig in allen Tabernakeln der Welt, zur Sühne für alle Lästerungen, Entweihungen und Gleichgültigkeiten, durch die er selbst beleidigt wird. Durch die unendlichen Verdienste seines heiligsten Herzens und des unbefleckten Herzens Mariens erflehe ich von Dir die Bekehrung der armen Sünder. Amen."*

Nachdem der Engel so gebetet hatte, erhob er sich und reichte den Kindern die heilige Kommunion.

Nach diesen Erscheinungen des Engels, bei denen die Kinder gelernt hatten, für die Bekehrung der Sünder zu beten und zu opfern, verlief ihr Leben ganz normal weiter. Sie hatten, wie jedes Kind, große Freude am Spielen.

Am 13. Mai 1917 spielten die drei Kinder, Lucia, Francisco und Jacinta auf einer Anhöhe, die sich Cova da Iria nannte. Es ist derselbe Ort, an dem heute die große Basilika von Fatima steht. Während sie spielten, sahen sie plötzlich, in einem ganz unerwarteten Moment, so etwas wie einen Blitz, woraufhin Lucia sagte: *"Es wäre besser, wir gingen schnell nach Hause,*

Die Geschichte von Fatima

denn es blitzt und es könnte ein Gewitter aufkommen."

Als die Kinder gerade nach Hause gehen wollten, sahen sie auf einer Steineiche eine weiß gekleidete Dame, von der ein Licht ausging, das noch klarer war, als selbst die Strahlen der Sonne. Ganz überrascht von dieser Erscheinung blieben die Kinder stehen. Die Dame sagte zu ihnen: "*Habt keine Angst, ich will euch nichts Böses tun.*" Auf die Frage, was sie von den Kindern wünsche, sagte sie: "*Ich bin gekommen, euch zu bitten, an sechs aufeinanderfolgenden Monaten und immer am 13. Tag und zur gleichen Stunde hierher zu kommen. Ich werde euch dann später sagen, wer ich bin und was ich will. Ich werde dann auch noch ein siebentes Mal kommen.*"

Die Erscheinung sagte auch: "*Wollt ihr euch Gott schenken und alle Leiden ertragen, die er euch schicken wird, zur Wiedergutmachung für die Sünden, durch die er beleidigt wird, und für die Bekehrung der Sünder zu bitten?*" - "*Ja, das wollen wir!*" - "*Dann werdet ihr viel zu leiden haben, doch die Gnade Gottes wird euer Trost sein.*" Und sie fügte hinzu: "*Betet den Rosenkranz an jedem Tag, um den Frieden für die Welt und das Ende des Krieges zu erlangen.*" Sodann begann sich die Erscheinung ganz sanft zu erheben und schwebte aufwärts, bis sie schließlich verschwand.

Am Tag nach der ersten Erscheinung, als sie wieder zum Weideplatz kamen, fassten die Kinder den Entschluss, den Rosenkranz von nun an zu beten und zwar mit dem ganzen "Gegrüßet seist Du, Maria". Bisher hatten sie nämlich den Rosenkranz, der ihnen bis dahin zu lange zu sein schien, gekürzt.

Immer am 13. des Monats gingen die Kinder in die Cova d´Iria, wo ihnen die Gottesmutter erschien. Inzwischen hatte sich die Nachricht über die Erscheinungen überall hin verbreitet. Die Kinder wurden der Lüge bezichtigt. Lucias Mutter wollte gar von ihr, dass sie zur Beichte gehe und bekenne, dass sie gelogen habe.

Eines Tages wurden die Kinder von drei Herren verhört und mit dem Tod bedroht. Doch die Kinder entgegneten: *"Wenn man uns tötet, dann macht das gar nichts. Dann gehen wir in den Himmel!"*

Die Erscheinungen gingen weiter. Am 13. Juli fragte Lucia die Erscheinung: *"Ich möchte Sie darum bitten, uns zu sagen, wer Sie sind und darum, ein Wunder zu wirken, damit alle glauben, dass sie uns wirklich erscheinen."* Die Gottesmutter anwortete: *"Kommt weiterhin in jedem Monat hierher. Im Oktober werde ich euch sagen, wer ich bin, was ich wünsche, und dann werde ich ein Wunder wirken, das alle sehen werden und damit alle glauben."* Und sie fuhr fort: *"Opfert euch für die Sünder und sprecht oft, vor allem dann, wenn ihr irgend ein Opfer bringt: O Jesus, das tue ich aus Liebe zu Dir, für die Bekehrung der Sünder und als Sühne für die begangenen Sünden gegen das Unbefleckte Herz Mariens!"* Mit diesen Worten öffnete sie die Hände. Der Lichtstrahl, der ihnen entströmte, schien die Erde zu durchdringen. Dann sahen die Kinder etwas wie ein Feuermeer, und eingetaucht in dieses Feuer die Dämonen und die Seelen, die in diesem Feuermeer schwammen, emporgeschleudert von Flammen, die unter Wolken von Rauch aus ihnen selbst hervorschlugen. Erschrocken sahen die Kinder zur Gottesmutter auf, die voll Güte und Traurigkeit sagte: *"Ihr habt nun die Hölle gesehen, wohin die Seelen der armen Sünder kommen. Um sie zu retten, will Gott die Andacht zu meinem Unbefleckten Herzen in der Welt begründen. Wenn die Menschen das tun, was ich ihnen sage, werden viele gerettet und es wird Friede sein..."*

Außerdem vertraute die Gottesmutter den Kindern ein Geheimnis an, mit dem Verbot, es irgendjemandem zu sagen. Die Kinder hielten ihr Wort, trotzdem man sie gefangen nahm und mit allen

Die Geschichte von Fatima

Mitteln versuchte, ihnen das Geheimnis zu entlocken. Man drohte sogar, man werde sie in siedendem Öl rösten, doch die Kinder ließen sich nicht einschüchtern.

Mit Spannung erwartete man den 13. Oktober. Hatte die Gottesmutter doch gesagt: *"Im Oktober werde ich ein Wunder wirken, damit alle glauben."*

Das Sonnenwunder von Fatima

Am 13. Oktober 1917 wurden mehr als 50.000 Menschen, Gläubige und Ungläubige, Zeugen des Sonnenwunders von Fatima, welches die Echtheit der Marienerscheinungen beweist. Die Fotoaufnahmen zeigen die Menschen, denen die Verwunderung und das Staunen geradezu ins Gesicht geschrieben steht...

Trotz des Regenwetters versammelte sich die große Menschenmenge in der Cova da Iria, um selber mitzuerleben, was sich ereignen würde. Viele Menschen waren skeptisch, einige spotteten und freuten sich darauf, die Sache ins Lächerliche ziehen zu können, wenn das Wunder ausbleiben würde.

Die Erscheinung selbst wurde nur von den drei Hirtenkindern gesehen. Die in Licht gehüllte Frau sagte zu den Kindern: *"Ich bin Unsere Liebe Frau vom Rosenkranz. Ich bin gekommen, um die Gläubi-*

gen zu er mahnen, ihr Leben zu bessern und den Herrn nicht mehr durch die Sünde zu betrüben, der schon so viel beleidigt wurde. Ich wünsche, dass man hier zu meiner Ehre eine Kapelle errichtet."

Was dann geschah, konnten alle Menschen sehen. Plötzlich hörte man einen Ruf. Luzia forderte die Menschen auf: *"Schaut zur Sonne!"*. Da ereignete sich vor den Augen aller Anwesenden ein nie dagewesenes Schauspiel. Augenzeugen berichten, dass die Sonne sich plötzlich zu bewegen und in ein Feuerrad zu verwandeln schien, dass sich in hoher Geschwindigkeit drehte. Dabei nahm sie viele verschiedene Faben an. Dann hielt sie einige Zeit an, um sich später erneut zu drehen. Von allen Seiten waren Rufe der Verwunderung zu hören. Die Menschen fielen auf die Knie nieder und beteten zu Gott. Die vom Regen nasse Kleidung wurde während dieses kurzen Ereignisses trocken. Es war ein unbeschreiblicher Moment. Nach einiger Zeit hörte die Sonne auf, sich zu drehen und kehrte auf ihren Platz zurück.

Durch dieses, wissenschlaftlich unerklärbare Ereignis, wurden viele Menschen zum Glauben geführt. Seither pilgern die Menschen von weither zu Tausenden an diesen Ort, an dem, gemäß dem Wunsch der Gottesmutter, eine prächtige Kirche erbaut wurde.

Das 3. Fatimageheimnis wurde mittlerweile veröffentlicht. Es handelt sich um eine Vision, welche wahrscheinlich die Situation der Kirche beschreibt, die eine Verfolgung erleiden muss.

Jacinta und Francisco, die kurz nach diesen Ereignissen starben, wurden bereits heiliggesprochen. Lucia wurde Ordensschwester. Sie schrieb die Botschaften der Gottesmutter auf. Sie starb im Jahr 2005, mit 97 Jahren.

Die nach dem Sonnenwunder erschöpfte siebenjährige Jacinta wird von einem Mann zu ihren Eltern gebracht.

***links:** hl. Jacinta / **rechts unten:** Lucia / **rechts oben:** die drei Seherkinder*

Das Wunderbild von Guadalupe

Möchtest Du ein Bild sehen, dass es eigentlich gar nicht geben kann? Das Wunderbild von Guadalupe ist mit natürlichen Mitteln nicht erklärbar.

Es besteht aus einem Stoff, der normalerweise nach 20 Jahren zerfällt. Mittlerweile ist der Stoff jedoch schon fast 500 Jahre alt und noch immer wie neu.

Auf dem Bild sind keine Farben und keine Pinselstriche nachweisbar.

Wenn man die Augen stark vergrößert, kann man in den Pupillen, die Szene von damals, wie in einem echten Auge, gespiegelt, wiedererkennen.

Die Anordnung der Sterne und Blumen auf dem Mantel entspricht exakt der Sternenkonstellation, die man in der Nacht des 9. Dezembers 1531 am Himmel über Mexiko sehen konnte.

Die Vorgeschichte von Guadalupe

Bestimmt hast du schon von der Entdeckung Amerikas durch Christoph Kolumbus im Jahre 1492 gehört. Eigentlich wollte Kolumbus einen neuen Seeweg von Europa nach Indien finden. Er segelte mit drei Schiffen los. Das Hauptschiff war die 'Santa Maria'. Nach vielen Wochen auf dem offenen Meer sah Kolumbus endlich Land. Er glaubt, er hätte Indien erreicht, doch tatsächlich lag vor ihm Amerika. Bis zu seinem Tod wusste er nicht, dass er in Wirklichkeit einen

Christoph Columbus

die 'Santa Maria'

auf neuem Land...

neuen, bisher unbekannten Kontinent gefunden hatte. Erst viele Jahre nach seinem Tod zeigten weitere Entdeckungen, dass es sich bei dem Land gar nicht um Indien, sondern um ein ganz anderes, bis jetzt völlig unbekanntes Land, um eine 'neue Welt' handelte.

Die Europäer fingen sofort an, das Land in Besitz zu nehmen. Sie teilten es unter sich auf. Portugal und Spanien teilten sich Südamerika, die Franzosen und Engländer gründeten in Nordamerika Kolonien.

Aus Spanien machten sich abenteuerlustige Ritter auf den Weg, um Amerika zu erobern, die Eingeborenen zu unterwerfen und so in der neuen Welt reich zu werden. In dieser Zeit gab es in Amerika viele kleine Volksstämme, aber auch große Kulturen, wie die Inkas oder die Azteken, die in großen Städten lebten, Tempel bauten und mächtige Könige hatten.

Da die spanischen Eroberer wesentlich bessere Waffen hatten als die Eingeborenen, gelang es ihnen, die Völker zu unterwerfen.

So landete im Jahr 1519 auch der Eroberer Hernán Cortés mit 11 Schiffen an der Küste von Ostamerika, um das Imperium der Azteken zu erobern. Er machte sich auf den Weg zur Hauptstadt Tenochtitlan (dem heutigen Mexico City). Was er dort sah, war sehr beeindruckend: Tenochtitlan lag inmitten von Seen auf einer Insel. Brücken führten zum Zentrum der Stadt, in deren Mitte große Pyramiden standen. Die Azteken hat-

Hernán Cortés - Pyramiden, Tenochtitlan

der Götze Chac Mool

ten eine hoch entwickelte Kultur. Sie hatten sogar einen eigenen Kalender, was eine intellektuelle Meisterleistung war.

Die Pyramiden dienten der Verehrung der Götter. Hernán Cortés und seine Männer waren erschüttert über die Grausamkeit, mit der die Azteken ihre Götter verehrten. Sie opferten den Göttern sogar Menschen. Teilweise rissen sie den Opfern (gefangenommenen feindlichen Kriegern, Sklaven und auch Kindern) bei lebendigem Leib das Herz aus der Brust, um es dem grausamen Götzen Chac Mool darzubringen. In der Vorstellung der Azteken waren Menschenopfer wichtig, weil sie glaubten, dass sonst die Sonne nicht mehr aufgehen würde. Zum Opferritual gehörte auch, dass die geopferten Körper gebraten und gegessen wurden. In Krisenzeiten führten die Azteken extra Krieg, um genügend Gefangene zu haben, die sie den zürnenden Göttern opfern konnten.

Mit den Spaniern kam auch das Christentum nach Mexiko. Allerdings mit sehr geringem Erfolg. Die Azteken wollten die Religion der Eroberer nicht annehmen, zumal diese oft mit Zwang und Gewalt verbreitet wurde.

Hernán Cortés vor dem König der Azteken

Das Wunderbild von Guadalupe

Die Erscheinung der Gottesmutter in Guadalupe

Im August 1521 war das Aztekische Reich erobert. Die Hauptstadt wurde zerstört. Mexico-City ent-stand nach und nach. Die Bekehrung der Azteken zum Christentum machte allerdings kaum Fortschritte. Aber es gab Ausnahmen. Juan Diego z.B. wurde Christ. Er sollte das Werkzeug sein, mit dessen Hilfe die Gottesmutter ein ganzes Land zum Glauben führte:

Es war am 9. Dezember 1531. Juan Diego war gerade unterwegs zur Glaubensstunde. Als er an einem Hügel namens Tepeyac vorbeikam, hörte er auf einmal eine ganz wunderschöne Musik. Eine so schöne Musik hatte er noch nie in seinem Leben gehört. Er blieb stehen und lauschte. Schließlich kletterte er den Hügel hinauf und sah oben eine liebevolle Frau von übernatürlicher Schönheit. Sie äußerte den Wunsch, dass man auf

diesem Hügel eine Kirche bauen solle. Sofort begab sich Juan Diego zum Bischof, um ihm zu berichten, was sich zugetragen hatte. Doch der Bischof glaubte ihm nicht. So stieg Juan am selben Tag nochmals auf den Hügel, wo er die Frau wieder traf. Sie sagte ihm, er sollte erneut zum Bischof gehen.

Diesmal ließ ihn der Bischof lange warten. Als er ihn schließlich doch empfing, verlangte er von ihm, ein Zeichen, einen Beweis dafür, dass es sich wirklich um eine Erscheinung der Gottesmutter handele. Juan Diego berichtet der Gottesmutter von dieser Forderung. Sie versprach, ihm ein Zeichen zu geben, wenn er am folgenden Tag wieder zu ihr komme.

Derweil erkrankte der Onkel von Juan Diego schwer, weshalb Juan Diego einen Priester holen wollte, damit sein Onkel beichten könne. Auf dem Weg traf er wieder die Dame. Sie sagte zu ihm, er brauche sich keine Sorgen machen, der Onkel werde wieder gesund. Er solle nur wieder auf den Hügel Tepeyac gehen und dort als Beweis für den Bischof frische Rosen holen.

Beruhigt stieg Juan Diego wieder auf den Hügel Tepeyac, obwohl es in dieser Jahreszeit überhaupt keine Rosen geben konnte. Tatsächlich legte die Gottesmutter die Blumen in seinen Umhang, den man damals Tilma nannte.

Mit den Rosen ging Juan Diego wieder zum Bischof. Auf den Knien breitete er seinen Umhang aus, um dem Bischof die Rosen als Zeichen darzubieten. Da geschah das eigentliche Wunder: Auf der Tilma erschien plötzlich dieses wunderbare Bild der Gottesmutter Maria. Ein großes Wunder! Der Bischof und alle Anwesenden waren sofort tief ergriffen, fielen auf ihre Knie nieder und glaubten.

Das Bild wurde überall herumgezeigt. Die Menschen waren von diesem Wunderbild so fasziniert, dass sich in kürzester Zeit 9 Millionen Menschen in Mexico taufen ließen. Was die Missionare in jahrelanger Arbeit nicht schafften, bewirkte die Gottesmutter auf einen Schlag. Bis heute ist Guadalupe der größte und meistbesuchte Wallfahrtsort der Welt. Im Zusammenhang mit dem Bild geschahen bereits unzählige Wunder.

Das Wunderbild von Guadalupe

Natürlich wurde, dem Wunsche der Gottesmutter gemäß, die Kirche auf dem Hügel Tepeyac gebaut. Mittlerweile existiert auch eine neue Kirche (rechts), die 40.000 Besuchern Platz bietet und somit eine der größten Kirchen der Welt ist. Bis heute kann man dort das Wunderbild betrachten. Juan Diego wurde im Jahr 2002 heiliggesprochen.

Übrigens ereignete sich zur gleichen Zeit, in der in Mexico die Gottesmutter erschien, im Westen, die Reformation. Bei der Reformation wurde das Christentum traurigerweise in 'katholisch' und 'evangelisch' gespalten. Da aber in Mexiko etwa 9 Millionen Menschen zum Glauben fanden, wurde die katholische Kirche durch die Reformation insgesamt nicht kleiner.

früher Tenochtitlan:

heute Mexico-City:

Die Wundertätige Medaille

Im Jahre 1830 erschien der Ordensschwester, Katharina Labouré, die Gottesmutter Maria und übergab ihr eine Medaille. Sie verspach, dass alle, die sie tragen, besondere Gnaden empfangen werden. Seit dieser Zeit tragen Millionen Menschen, überall auf der Welt, diese Medaille.

Die Medaille wird die 'Wundertätige Medaille' genannt, weil in Verbindung mit ihr bereits unzählige Wunder geschehen sind. Viele Menschen wurden zum Glauben bekehrt oder von Krankheiten befreit.

Möchtest auch du diese Medaille tragen? Im Folgenden wird dir alles genau erklärt, was du dazu wissen solltest:

Die Geschichte der Wundertätigen Medaille

Die Geschichte der Wundertätigen Medaille beginnt mit einem französischen Mädchen, namens Katharina Labouré.

Als Katharina 9 Jahre alt war, starb ihre Mutter. Katharina war sehr traurig und suchte Trost bei ihrer himmlischen Mutter. Jemand beobachtete das Mädchen, wie sie eine Statue der Gottesmutter umarmte und ihr dabei zuflüsterte: *"Von jetzt an wirst du meine Mutter sein."* Von dieser Stunde an war Katharina in ganz besonderer Weise mit ihrer himmlischen Mutter verbunden.

Im Alter von 24 Jahren trat Katharina in den Orden der Vinzentinerinnen ein. Das Kloster befindet sich in Paris, in einer Straße, die 'Rue du Bac' heißt.

Bald nach ihrem Eintritt ins Kloster erschien Katharina die Jungfrau Maria und kündigte ihr eine besondere Aufgabe an. Einige Mo-

Die Wundertätige Medaille

nate später erfuhr Katharina mehr über ihre Aufgabe. Es war am 27. November 1830, ungefähr um 5 Uhr am Abend. Katharina betete gerade in der Klosterkapelle, als ihr die Gottesmutter erneut erschien. In ihrer Hand hielt sie eine Weltkugel. Bald änderte sich die Szene und Katharina sah die Gottesmutter auf einer größeren Weltkugel stehen, wobei ihr Fuß den Kopf einer Schlange zertrat. Sie stand mit ausgebreiteten Händen vor Katharina. Aus den Händen gingen Lichtstrahlen hervor. Die Gottesmutter sagte: *"Dies ist ein Symbol für die Gnaden, die ich ausgießen werde über alle, die darum bitten."*

Um die Gottesmutter herum sah Katharina einen ovalen Rahmen mit goldenen Buchstaben, die das Gebet bildeten: *"O Maria, ohne Sünde empfangen, bitte für uns, die wir unsere Zuflucht zu dir nehmen."* Auf der anderen Seite des Rahmens sah Katharina ein großes 'M' mit einem Kreuz darüber. Unter dem 'M' waren die vereinigten Herzen Jesu und Mariens zu sehen. Das eine Herz war mit Dornen umwunden, das andere mit einem Schwert durchbohrt.

Die Gottesmutter sprach zu ihr: *"Lass nach diesem Muster eine Medaille prägen. Alle, die sie mit Vertrauen tragen, werden den besonderen Schutz der Muttergottes erfahren."*

Katharina erzählte ihrem Beichtvater von dem Ereignis. Dieser wollte ihr zunächst nicht glauben. Weil Katharina aber darauf beharrte, trug der Beichtvater das Anliegen schließlich doch dem Erzbischof von Paris vor. Dieser gab die Erlaubnis, die Medaille zu prägen. Er sagte: *"Man verbreite diese Medaille und dann wird man den Baum an seinen Früchten erkennen."*

Die guten Früchte zeigten sich bald: Viele Wunder ereigneten sich, so dass die Medaille bald die 'Wundertätige Medaille' genannt wurde.

Die Wundertätige Medaille

Das erste Wunder mit der Medaille

Der ehemalige Bischof von Mecheln hatte sich vom Glauben abgewandt und wurde zum Gegner der Kirche. Als er nun auf seinem Sterbebett lag, planten seine freidenkerischen Freunde bereits ein prunkvolles, heidnisches Begräbnis. Sie, die ihn in seinen abtrünnigen Gedanken stets bestärkt hatten, wollten der Kirche bei der Begräbnisfeier mit entsprechenden Reden schaden.

Als der Pariser Erzbischof hörte, dass sein, vom Glauben abgefallener Mitbruder, im Sterben lag, ließ er sich bei seinem unglücklichen Mitbruder anmelden. Er wollte die Medaille gleichsam erproben und betete auf den Knien: "Maria hilf! Zeig deine Macht durch diese Medaille, wie du versprochen hast!" Sodann machte er sich auf den Weg. Aber die ungläubige Umgebung und der Kranke selbst verweigerten jeden Versuch eines geistlichen Zuspruchs. So musste er unverrichteter Dinge das Palais wieder velassen.

Wieder zu Hause angekommen, vertraute er seinen Mitbruder nochmals der Gottesmutter an. Kaum hatte er dies getan, meldete ihm ein Eilbote, er solle schnell wieder zum Sterbenden zurückkehren. Der Sterbende bekannte weinend seine Schuld und bat öffentlich um Verzeihung wegen des großen Ärgernisses, das er gegeben hatte. Immer wieder küsste er die Medaille und empfing die Beichte und die Sterbesakramente. In der folgenden Nacht starb er, mit der Kirche versöhnt, in den Armen seines bischöflichen Freundes und Mitbruders.

heutige Kirche in der Rue du Bac:

die Wundertätige Medaille:

Die Geschichte von Lourdes

Erscheinung in der Grotte

der Wallfahrtsort 'Lourdes' heute

Bernadette Soubirous war ein ganz gewöhnliches Mädchen, aus einem kleinen südfranzösischen Ort namens 'Lourdes'. Dort lebte sie ein völlig normales und unauffälliges Leben. Als sie jedoch 14 Jahre alt war, sollte sich dies ganz plötzlich durch eine geheimnisvolle Begegnung ändern:

An der Felsengrotte von Massabielle erschien Bernadette am 11. Februar 1858 eine wunderschöne 'Dame in Weiß', die das Mädchen liebevoll anlächelte. Diese Frau verschwand alsbald wieder, tauchte aber nach drei Tagen an der selben Stelle wieder auf. Insgesamt begegnete Bernadette die geheimnisvolle Erscheinung 18 Mal.

Bei der neunten Erscheinung zeigte die Gottesmutter dem Mädchen eine Stelle an der Grotte und forderte sie auf, dort mit ihren Händen zu graben. Sofort entstand eine wundersame Quelle. Die Dame forderte mehrfach dazu auf, Buße zu tun und für die Sünder zu beten. An der Quelle solle man sich waschen und von dem Wasser trinken.

Die Erscheinungen sprachen sich herum. Am 28. Februar begleiteten Bernadette bereits mehr als 1500 Menschen zur Grotte.

Die Dame gab Bernadette auch einen Auftag: Sie solle zu den Priestern gehen und diese bitten, in Prozessionen zur Grotte zu kommen und eine Kapelle zu bauen. Der Pfarrer von Lourdes glaubte

Die Geschichte von Lourdes

Bernadette jedoch nicht. Warum sollte man einem armen, ungebildeten Mädchen, das aus sozial schwachen Verhältnissen stammte, Glauben schenken? *„Du dummes Ding! Du und dein Erscheinungskarneval!"*, poltert der Pfarrer, als sie ihm von ihren Visionen erzählte. Der Pfarrer wollte schließlich den Namen der wundersamen Dame wissen, weshalb Bernadette die Dame bei der nächsten Erscheinung nach ihrem Namen fragte. Sie antwortete jedoch nur mit einem Lächeln. Erst am 25. März offenbarte sie: *"Ich bin die Unbefleckte Empfängnis."* Bernadette verstand zunächst nicht, was dieser merkwürdige Name bedeutet. Der studierte Pfarrer jedoch war um so mehr beeindruckt. Diesen tiefsinnigen Namen, der damals die Theologen beschäftigte, konnte sich das Mädchen unmöglich selber ausgedacht haben. Erst wenige Jahre zuvor hatte Papst Pius IX. das Dogma von der Unbefleckten Empfängnis Mariens verkündet. Sollte sich diese Lehre nun auf wundersame Weise in Lourdes bestätigen?

Unterdessen pilgerten immer mehr Menschen zur Grotte von Massabielle. Bald schon geschahen dort die ersten Wunder.

Vier Jahre nach den Erscheinungen stellt ein kirchlicher Untersuchungsausschuss fest: *„Wir erklären, dass die unbefleckte Jungfrau Maria, die Muttergottes, wirklich der Bernadette Soubirous ... in der Grotte von Massabielle in der Nähe der Stadt Lourdes erschienen ist."*

Das erste Wunder von Lourdes

Das erste Wunder an der Grotte von Lourdes ereignete sich am 26. Februar 1858.

Ein armer Steinhauer hatte 20 Jahre vorher durch einen Sprengschuss das Augenlicht verloren. Als der blinde Arbeiter am 25. Februar von der Entstehung der wunderbaren Quelle hörte, fasste er plötzlich ein unerklärliches Vertrauen zur Fürbitte Mariens und sagte zu seinen Angehörigen:

"Wenn die Mutter Gottes dort wirklich erschienen ist, dann hat sie auch die Macht, mich zu heilen!"

Die Geschichte von Lourdes

Am nächsten Tag ließ er sich zur Quelle hinausführen und benetzte, während er das Ave Maria betete, seine Augen mit dem Wasser. Und siehe da - er sah!

Das Erstaunen seiner Angehörigen und sein eigener Jubel waren unbeschreiblich! Wie ein Lauffeuer ging es durch die Stadt: "Der blinde Bouriette ist an der Grotte sehend geworden!" Alles lief zur Quelle, auch der ungläubige Arzt des Städtchens, der ihn genau kannte. Bleich vor Erregung sprach dieser vor dem versammelten Volk: "Wahrhaftig, das ist ein Wunder, ein echtes, unleugbares Wunder. Ich beuge mich, und ich glaube!"

Seit dieser Zeit, bis heute, haben sich unzählige Wunder in Lourdes ereignet. Die einzelnen Wunder werden nach strengsten Maßstäben geprüft. Seit 1882 hat in Lourdes ein eigenes Ärztebüro seinen Sitz. Es hat die Aufgabe, die Heilungen wissenschaftlich zu prüfen. Jede Heilung unterliegt der ärztlichen Kontrolle. Bis 1913 wurden 4445 Heilungen als wissenschaftlich nicht erklärbar bezeichnet; davon waren 93% plötzliche Heilungen von schweren organischen Leiden.

Bernadette Soubirous - Lichterprozession - Kirche von Lourdes Unsre Liebe Frau von Lourdes

Das braune Skapulier

Ein Skapulier ist ein Überwurf (Schulterkleid), der über einer Ordenstracht getragen wird. Ein Tuch, dass vorne und hinten fast bis zum Boden reicht.

Das kleine Skapulier besteht aus zwei kleinen Stückchen Stoff, die durch zwei Bänder miteinander verbunden sind. Man trägt es über beide Schultern hängend, das eine Stück auf der Brust, das andere am Rücken. Es handelt sich um ein symbolisch angedeutetes Ordensgewand.

Die Geschichte

Das braune Skapulier ist das eigentliche, ursprüngliche und am weitesten verbreitete Skapulier. Es deutet das Schulterkleid der Karmeliten an. Auf dem einen Stoffstückchen befindet sich ein Bild der Gottesmutter mit dem göttlichen Kind, auf dem anderen ein Bild des Gekreuzigten oder des Heiligsten Herzens Jesu.

Jährlich, am 16. Juli, feiert die Kirche das Skapulierfest, denn es war am 16. Juli 1251, als der hl. Simon Stock, der damalige General des Karmeliter-Ordens, in großer Bedrängnis zur Gottesmutter betete und sie um ein Zeichen ihres mütterlichen Schutzes bat. Daraufhin erschien ihm die allerseligste Jungfrau Maria, und reichte ihm das Skapulier mit den Worten: *„Mein Sohn, empfange dieses Skapulier deines Ordens; es ist das Zeichen der besonderen Begünstigungen, die ich für dich und die Kinder des Karmels erlangt habe. Wer in diesem Gnadenkleid sterben wird, wird vor dem ewigen Feuer bewahrt bleiben. Es ist ein Zeichen des Heiles, ein Schutzmittel in Gefahren, das Unterpfand eines besonderen Friedens und besonderen Schutzes.“*

Das braune Skapulier

Auch als gewöhnlicher Christ kann man das Skapulier empfangen. Wenn du dich gründlich damit beschäftigt hast und das Skapulier wirklich empfangen möchtest, kannst du es dir von einem Priester auflegen lassen (am besten am Skapulierfest). So wirst du Mitglied der Skapulierbruderschaft und kannst den, ans Skapulier geknüpften Gnaden, teilhaftig werden.

Wenn das Skapulier einmal feierlich aufgelegt worden ist, braucht man es nur noch auszuwechseln, wenn man es später erneuern möchte. Die Einschreibung in ein Register ist nicht mehr notwendig, aber empfohlen.

Die Gottesmutter überreicht dem hl. Simon Stock das braune Skapulier

Mit dem Tragen des Skapuliers verknüpfte Bedingungen

Papst Johannes XXII. gewährte das sogenannte ‚Samstagsprivileg', welches besagt, dass die Träger des Skapuliers am Samstag nach ihrem Tod, aus dem Fegefeuer befreit werden.

Papst Pius X. hat festgelegt, dass alle Ablässe und ausdrücklich das ‚Samstagsprivileg' auch jene gewinnen, die statt des Stoffskapuliers eine Skapuliermedaille tragen.

Außerdem hat der Papst auch die anderen Bedingungen erleichtert. Deshalb gilt heute:

Um die Gnade eines guten Todes, sowie die Ablässe und Verdienste des Karmeliter-Ordens zu erlangen, muss man das Skapulier tragen und beim Sterben damit bekleidet sein.

Um am ‚Samstagsprivileg' teilzuneh-

men, reicht es, wenn man außerdem die standesgemäße Keuschheit lebt und täglich den Rosenkranz betet.

Gebet zu Ehren Unserer Lieben Frau vom Berge Karmel

O allerseligste, unbefleckte Jungfrau, Zierde und Glanz des Berges Karmel, die du mit ganz besonders gnädigem Antlitz auf jene herabsiehst, welche mit deinem verehrungswürdigen Gewand bekleidet sind, blicke gnädig auf mich und nimm mich unter den Mantel deines mütterlichen Schutzes. Stärke doch meine Schwäche mit deiner Macht; erleuchte die Finsternis meines Herzens mit deiner Weisheit; vermehre in mir den Glauben, die Hoffnung und die Liebe. Schmücke meine Seele so sehr mit Gnaden und Tugenden, dass sie stets deinem göttlichen Sohne und dir teuer sei. Stehe mir im Leben bei, tröste mich im Tode mit deiner süßesten Gegenwart und stelle mich der allerheiligsten Dreifaltigkeit als dein Kind und deinen treuen Diener vor, auf dass ich dich dann ewig im Himmel loben und preisen könne. Amen.

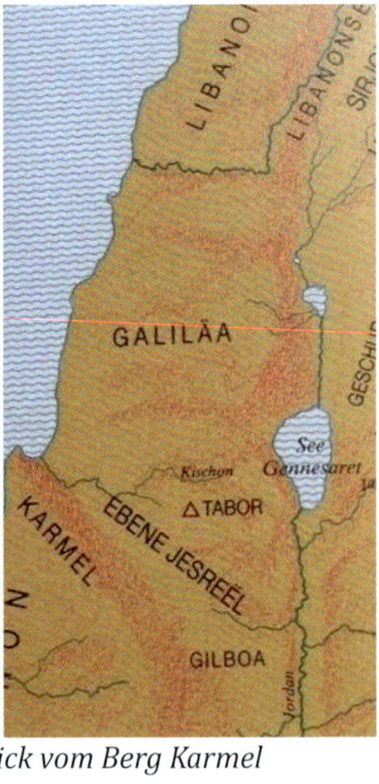

oben: *Karmelitenkloster / Kuppel in der Kirche* - **unten:** *Blick vom Berg Karmel*

Das Grabtuch von Turin

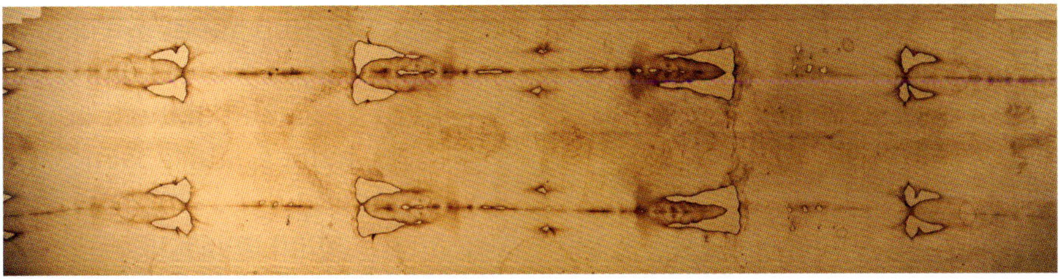

Im 14. Jahrhundert tauchte in der französischen Stadt Lirey *(gesprochen: Lirä)* ein geheimnisvolles Tuch auf. Von diesem Tuch behauptete man, es sei das Grabtuch Jesu, in welches man seinen Körper nach der Kreuzigung gehüllt hatte. Das Tuch zeigte erstaunlich detailliert den Abdruck eines Mannes und zog jeden, der es ansah, in seinen Bann.

Im Jahre 1578 brachte man dieses Tuch nach Turin, wo es Jahrhunderte lang aufbewahrt und von Zeit zu Zeit den Gläubigen gezeigt wurde.

Handelt es sich wirklich um das Grabtuch Jesu?

Nach der Erfindung der Fotografie ereignete sich im Jahre 1898 etwas, was die ganze Welt aufhorchen ließ: Ein Foto machte das Grabtuch von Turin weltberühmt.

Früher mussten Fotos entwickelt werden. Auf dem Film, erschien zunächst ein Negativ, auf dem alle hellen Punkte dunkel und alle dunklen Punkte hell erschienen.

Hier zeigt das linke Foto das Positiv und das rechte das Negativ des Gesichtes.

Das Grabtuch von Turin

Als der Fotograf das Foto entwickelte, rief er hoch erstaunt aus: *"Mein Gott, ich blicke in das Antlitz des Herrn!"* Es wurde ihm klar, dass das Bild auf dem Tuch ein Negativ ist. Zum ersten Mal konnte man deutlich den Körper als Positivbild sehen.

Die Sache war so erstaunlich, das man den Fotografen des Betrugs beschuldigte. Man behauptete, er habe das Foto gefälscht.

Erst im Jahre 1931 erlaubte man ein zweites Foto vom Grabtuch zu machen. Dieses zweite Foto zeigte dasselbe Ergebnis.

Es war nun klar, dass der Fotograf nicht gelogen hatte. Auf dem Tuch befindet sich der Abdruck eines Mannes. Das Bild auf dem Tuch ist ein Negativ. Kein Maler konnte ein Negativbild gemalt haben, zumal er es ein halbes Jahrtausend vor der Erfindung der Fotografie hätte gemalt haben müssen.

Der Fall war so erstaunlich, dass man damit begann, das Tuch mit wissenschaftlichen Methoden zu forschen. Seit fast 100 Jahren wird das Turiner Grabtuch nun schon wissenschaftlich untersucht. Es hat sich sogar ein eigener Wissenschaftszweig entwickelt, der sich weltweit mit der Erforschung des 4,35 Meter langen und 1,10 Meter breiten Tuches befasst. Die zentrale Frage der Forschung lautet nun: Wer ist dieser Mann, der auf dem Tuch abgebildet ist? Ist es Jesus von Nazareth?

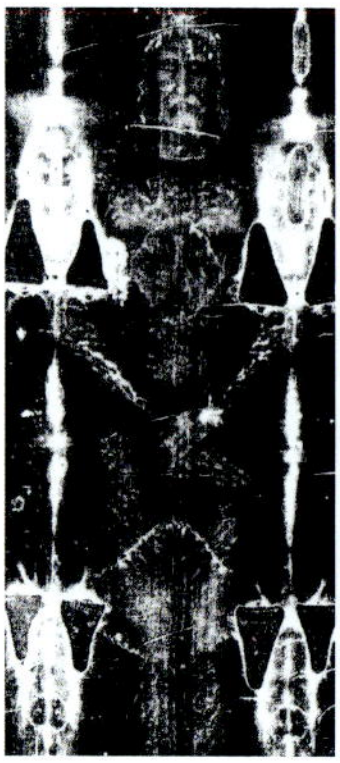
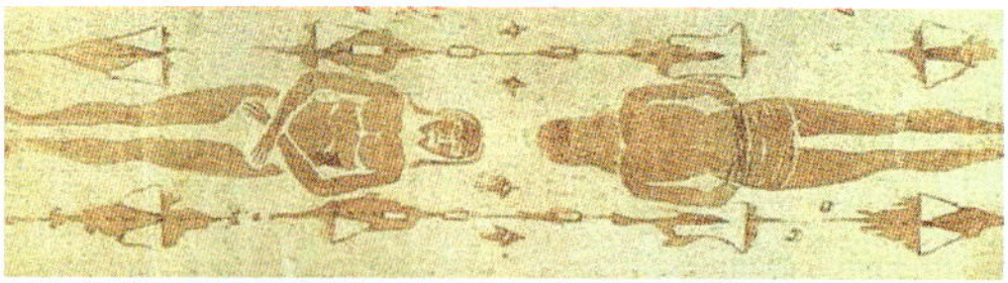
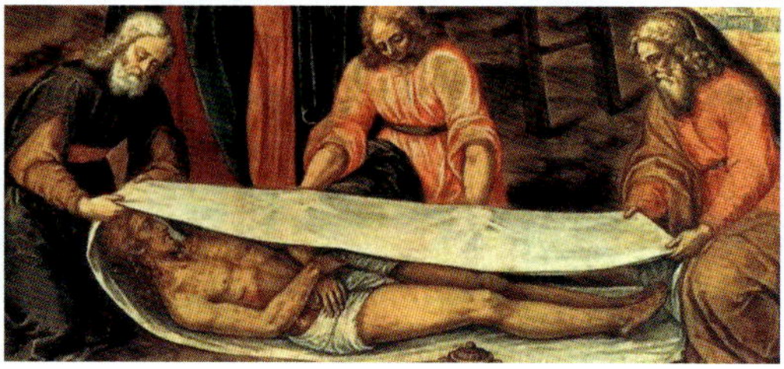
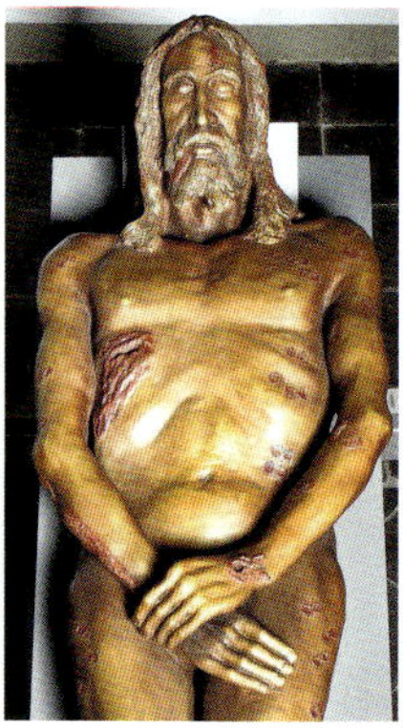

Mittlerweile hatte man herausgefunden, dass das Tuch tatsächlich den Abdruck eines menschlichen Körpers enthält und nicht etwa nur das Bild eines Körpers ist. Es handelt sich um ein dreidimensionales Relief: Die Vorder- und Rückseite eines ganzen Menschen. Einzigartig auf der ganzen Welt!

Der 8. Oktober 1978 wurde ein, für Turin und die ganze Christenheit, besonderer Tag, denn an diesem Tag gestattete die Kirche den Wissenschaftlern zum ersten Mal eine Untersuchung direkt an der heiligsten Reliquie der Christenheit vorzunehmen.

Die Wissenschaftler hatten allerdings die Auflage, keine Markierungen oder Schnittproben vorzunehmen. Nichts durfte zerstört werden. Sie wurden rund um die Uhr von bewaffneten Karabinieri bewacht.

ERGEBNISSE DER WISSENSCHAFTLICHEN UNTERSUCHUNGEN

Nicht mit Farben gemalt

Wenn man das Grabtuch von Turin betrachtet, fallen einem oben und unten je ein der Länge nach verlaufender Streifen auf. Dabei handelt es sich um Brandspuren, die durch aufgesetzte Flicken ausgebessert wurden. Im Jahre 1532 war das Grabtuch in der Schlosskapelle von Chambéry in Frankreich einem Brand ausgesetzt.

Die Stellen, an der das Tuch angebrand waren, fanden beim Wissenschaftler Rogers besondere Aufmerksamkeit: Er fand heraus, dass das Löschwasser nichts vom Bild entfernte oder verwischte: Ein deutlicher Hinweis darauf, dass das Bild nicht mit Farben gemalt war.

Echtes Blut

Auf dem Tuch befinden sich Blutflecken. Nach genauerer Untersuchung fand man um die Blutflecken heraum so genannte 'Serumflecken' (die Blutflüssigkeit, die keine roten Blutkörperchen enthält). Diese Serumflecken kann man nur mit UV-Licht sichtbar machen. Als das Bild entstand, war

Das Grabtuch von Turin

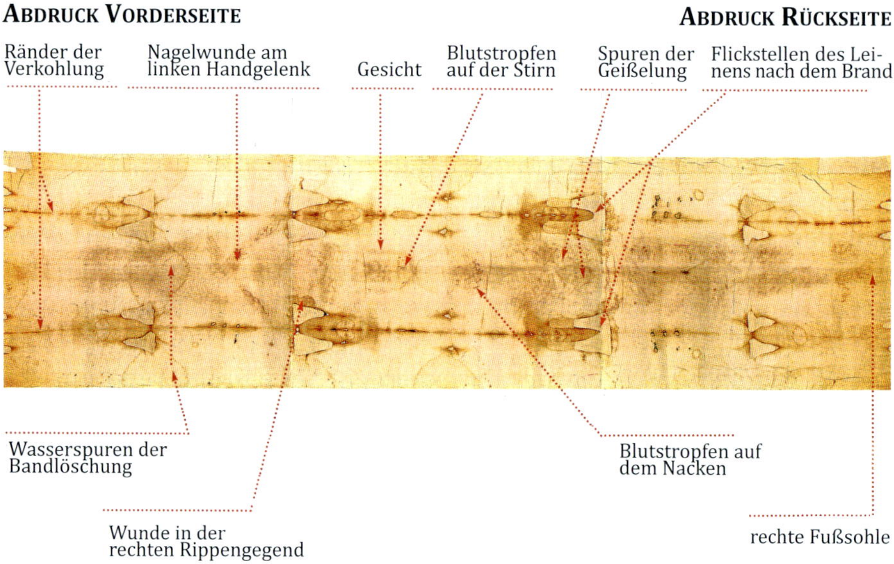

die Technik noch lange nicht so weit, dass man diese Flecken überhaupt erkennen konnte.

Kein Fälscher des Mittelalters hätte die Erfindung der UV-Fluoriszensfotografie auch nur voraussehen können. Somit haben wir einen eindeutigen Beweis dafür, dass es sich um echtes Blut handelt.

Abdruck eines Gekreuzigten

Dr. Frederick Zugibe beschäftigte sich mit der Frage, ob sich die auf dem Grabtuch hinterlassenen Spuren mit denen, die ein durch Kreuzigung getöteter Mensch hinterlassen würde, übereinstimmen.

Er sah sich an, wie die Nägel durch die Hand getrieben waren und stellte fest, dass, die so ans Kreuz genagelten Hände, tatsächlich stark genug wären, den Körper zu halten.

Darüber hinaus machte er eine weitere erstaunliche Entdeckung: Wäre das Opfer mit den Händen ans Kreuz genagelt worden, hätte das eine Ruptur (Riss) des nervus medianus bewirkt. Das wiederum hätte zur Folge gehabt, dass sich die Daumen nach innen drehen. Genau das ist auf dem Grabtuch zu erkennen: Die Daumen sind unter den Handflächen verborgen, wie man es bei einem durch Kreuzigung getöten Menschen erwarten würde.

Dr. Frederick Zugibe entdeckte noch eine Reihe anderer Hinweise. Seine Recherchen ließen für ihn nur eine Schlussfolgerung zu: Aus der Sicht der forensischen Pathologie stimmt der Abdruck auf dem Tuch absolut mit dem eines durch Kreuzigung getöteten Menschen überein.

Jesus von Nazareth?

Im Jahr 1988 gab die Kirche die Erlaubnis, das Tuch mittels der Radiokarbonmethode (wissenschaftliche Methode zur Altersbestimmung) zu untersuchen. Dafür musste ein Stück Stoff vom Tuch entnommen und in einem Reagenzglas verbrannt werden. Es wurde also eine kleine Probe an einer bereits beschädigten Ecke des Tuchs entnommen.

Man teilte die entnommene Stoffprobe in 4 Abschnitte und gab sie an 4 verschiedene Universitäten. Mit Spannung erwartete man das Ergebnis. Sollte bei der Untersuchung herauskommen, dass das Grabtuch keine 2000 Jahre alt ist, kann es sich nicht um das Grabtuch Jesu handeln.

Das Ergebnis der Radiokarbonuntersuchung war eine große Enttäuschung: Das Tuch wurde auf die Zeit zwischen 1260 und 1390 datiert. Folglich kann es nicht das Grabtuch Jesu sein!

Die Enttäuschung war groß.

Trotz der eindeutigen wissenschaftlichen Ergebnisse gab es immer noch Menschen, die glaubten, es müsse sich um das Grabtuch Jesu handeln. Diesen Menschen ist es zu verdanken, dass im Jahr 2000 eine bahnbrechende Entdeckung gemacht wurde:

Sue Benford und ihr Mann betrachteten ein Foto des Grabtuches und sahen darauf, dass das Tuchmuster auf dem ganzen Tuch gleichmäßig ist. Nur an der Stelle, an der die Probe für die Karbondatierung entnommen wurde, war anders. Sie vermuteten deshalb, dass das Gewebe dort aus einer

Mischung Stoff vom 16. Jahrhundert und Stoff vom 1. Jahrhundert sei. Tatsächlich stellte sich heraus, dass der Teil, der für die Probe entnommen war, mit jüngerem Material versetzt war.

Wahrscheinlich wurde das Tuch im 16. Jahrhundert ausgebessert und fachmännisch gefärbt, so dass man die Ausbesserung nicht sehen konnte. Es wurde nicht etwas angenäht, sondern sorgfältig ineinander geflochten.

Textilexperten, die nicht wussten, dass sie das Foto des Grabtuches vor sich hatten, sagten einstimmig und unabhängig voneinander, dass es so aussehe, als wären zwei Stoffe miteinander verwoben worden. Man fand heraus, dass das Tuch aus Leinen, die geflickte Stelle aber aus Baumwolle besteht.

Da also die Probe sowohl Material aus dem 16. Jahrhundert als auch aus dem 1. Jahrhundert enthielt, war das durch die Radiokarbondatierung berechnete Datum ein Durchschnittswert.

Als der Wissenschaftler Ray Rogers davon hörte, sagte er, er könne diese Theorie in fünf Minuten widerlegen... Er war derjenige, der bestätigen konnte, ob das Tuch wirklich Baumwollfasern aus jüngerer Zeit enthielt. Er hatte nämlich Proben, die 1978 mit Klebebandstreifen von der Oberfläche des Grabtuchs genommen worden waren. Er hatte auch eine Probe, die 1973 direkt neben der Stelle entnommen wurde, von der die Probe für die Radiokarbondatierung stammt.

Nun gab es ein Detail, welches die Sache extrem spannend machte: Professor Ray Rogers war krebskrank und lag schon bald im Sterben. Ein alter Freund Rogers sorgte jedoch dafür, dass Rogers nach seinem Tod noch Gehör fand. Er filmte ein Interview mit dem todkranken Professor, in dem Roger bestätigte, dass tatsächlich Baumwolle eingewebt war.

Alle an der Karbondatierung beteiligten Labore hatten Teile ihrer Proben aufgehoben. Als Rogers diese Proben ansah, fand er darin Baumwolle.

Außerdem fand Rogers noch einen anderen Beweis: Er wusste durch seine eigenen Untersuchungen von damals, dass das Tuch frei war von künstlichen Farbstoffen. Aber genau die fand er in den Proben. Es handelte sich um die Farbe, mit der die geflickte Stelle angepasst wurde.

Im Jahr 2005, nur fünf Wochen vor seinem Tod, veröffentlichte Rogers seinen Bericht, in dem er beweist, dass die Karbondatierung nicht das wahre Alter des Tuches wiedergibt.

Viele andere wissenschaftliche Untersuchungen weisen auf die Echtheit des Turiner Grabtuchs hin.

Heute existiert die Technik, um das Tuch neuen Tests zu unterziehen. Die Proben wurden bereits entnommen. Doch zuerst muss die Kirche zustimmen, eine erneute Radiokarbondatierung vorzunehmen. Aber auch ohne diesen abschließenden Befund scheint es eindeutig zu sein: Es handelt sich wirklich um das Grabtuch Jesu!

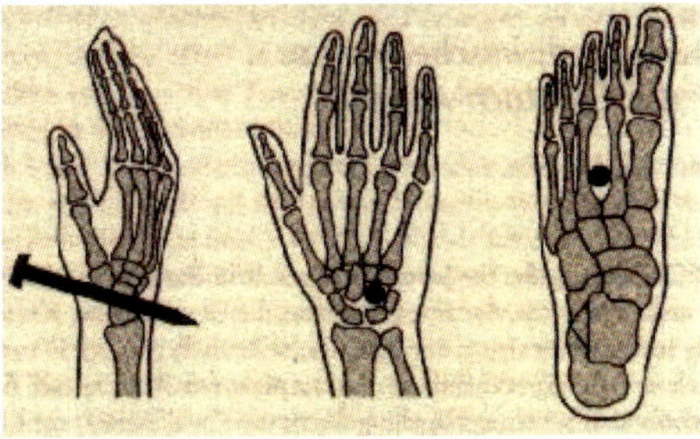

***links**: Kathedrale in Turin, in der das Grabtuch aufbewahrt wird*
***oben rechts:** Die Forscher präsentieren das Ergebnis der Karbondatierung*
***unten rechts:** Ruptur des nervus medianus, weshalb sich der Daumen nach innen dreht....*

Die Marienweihe

Im Jahr 1842 machte ein Priester auf dem Dachboden seines Pfarrhauses einen interessanten Fund: Er fand ein altes Buch mit dem Titel *'Wahre Andacht zu Maria'*.

Dieser Fund war etwas Besonderes, weil nämlich der Autor des Buches ein Heiliger war. Der heilige Ludwig Maria Grignion de Montfort hatte es geschrieben und vorausgesagt, dass sein Buch verlorengehe. Er sagte aber auch, dass es wiedergefunden würde, wenn die Zeit dafür gekommen sei.

Tatsächlich war die Schrift nach seinem Tod nicht mehr auffindbar. Erst im Jahr 1842, mehr als 100 Jahre später, wurde das Buch wiedergefunden. Heißt das nicht, das gerade jetzt die Zeit gekommen ist, für die das Buch geschrieben wurde?

Wir wollen uns ein wenig mit diesem geheimnisvollen Buch beschäftigen: Heute nennt man es *'Das goldene Buch'*. Es enthält eine 33-tägige Vorbereitung auf eine Weihe an die Gottesmutter Maria. Ausführlich wird in diesem Buch erklärt, was es heißt, sich der Gottesmutter Maria zu weihen. Kurz gesagt bedeutet es, der himmlischen Mutter die Hand zu geben, um mit ihr durchs Leben zu gehen. Man vertraut ihr alles an, Freud und Leid, wohl wissend, dass sie keines ihrer Kinder verlorengehen lässt.

Selbstverständlich ist die Weihe an die Gottesmutter nicht nur etwas für Erwachsene. Auch Kinder dürfen sich der Gottesmutter weihen und sich damit unter ihren besonderen Schutz stellen.

Es gibt viele verschiedene Möglichkeiten, sich der Gottesmutter zu weihen. Egal, welche Methode

DIE MARIENWEIHE

man wählt, es geht immer darum, sich der Führung Mariens anzuvertrauen. Wenn auch du dich der Gottesmutter weihen möchtest, kannst du für die Vorbereitung auf die Weihe zum Beispiel das Büchlein *'Marienweihe für Kinder'* benutzen.

Am besten wäre es, wenn du noch einige andere Kinder finden würdest und ihr euch unter der Leitung eines Priesters gemeinsam auf die Weihe vorbereiten würdet. Das Heft begleitet euch vier Wochen lang, Schritt für Schritt, bis zur Weihe an die Gottesmutter Maria.

DIE WEIHE BAYERNS AN DIE GOTTESMUTTER

Vor vielen Jahren hat der Papst die ganze Welt der Gottesmutter geweiht. Viele Länder, darunter auch Bayern, haben eine Marienweihe abgelegt.

Die Verehrung Mariens als Patronin von Bayern (Patrona Bavariae) geht vor allem auf Maximilian I., Herzog und Kurfürst von Bayern, zurück. Er betrachtete Maria sogar als die eigentliche Herrscherin seines Landes.

Im Jahr 1618 wurde an der Fassade der Münchener Residenz eine Statue der Patrona Bavariae aufgestellt. Über der Statue ist eine Inschrift angebracht: *"Unter deinen Schutz fliehen wir, unter dem wir sicher und froh leben."*

1637 ließ Maximilian I. als Dank dafür, dass die Stadt München vor der Plünderung durch die Schweden verschont geblieben war, auf dem Münchener Marienplatz eine Mariensäule errichten. Bei der Einweihung sprach Maximilian I. persönlich das Weihegebet an die *'gütigste Herrin Bayerns und mächtigste Schützerin'*.

Die Marienweihe

Die bis heute bekannte und hoch verehrte Mariensäule zeigt Maria mit einer Krone und einem Zepter.

Ein Marienkind geht nicht verloren!

Während des Ersten Weltkriegs erbat der bayerische König Ludwig III. vom Papst ein eigenes bayerisches Marienfest. So wurde das Fest der Patrona Bavariae in Bayern eingeführt. Heute wird dieses Fest jährlich am 1. Mai gefeiert.

Die Weihe Bayerns an die Gottesmutter hat sehr viel Segen gebracht. Es hat sich bis heute immer wieder deutlich gezeigt: Wer sich der Gottesmutter weiht und diese Weihe auch lebt, steht unter ihrem besonderen Schutz.

Herzog Maximilian I.

König Ludwig III.

Bestellung / Spende

Bestellmöglichkeiten:

Internet:	www.petrusverlag.de (Online Shop)
E-Mail:	bestellung@petrusverlag.de
Post:	Verlag St. Petrus Leiblachstr. 6 88145 Opfenbach
Telefonisch:	0049-(0)-8385-624-6459

Spendenkonten

Für jede Spende zur Deckung der Druck- und Versandkosten sowie zur Förderung unseres Apostolates sind wir sehr dankbar und sagen ein herzliches Vergelt´s Gott!

für Deutschland:

Bank	Liga Bank EG
IBAN	DE85 7509 0300 0200 1992 22
BIC	GENODEF1M05
Zugunsten	Priesterbruderschaft St. Petrus e.V.

für die Schweiz:

IBAN	CH53 0070 0114 9000 3982 3
Kto. Nr.	1149-0039.823
BIC:	ZKBKCHZZ80A
Zugunsten:	Verein St. Petrus, 8800 Thalwil

für Österreich:

IBAN	AT87 3200 0000 0703 7419
BIC	RLNWATWW
Zugunsten:	Förderverein St. Petrus e.V.

Weitere Schriften

Die Schriften gehen auf zentrale Fragen ein und führen in klarer und verständlicher Sprache zu den Quellen des Glaubens. Sie dienen zur Vertiefung des eigenen Glaubens und eignen sich zum Weitergeben an Katecheten oder zum Auslegen an Schriftenständen:

Lasst die Kinder zu mir kommen - *Beicht- und Erstkommunionunterricht*
Leben mit Gott - *Sakramentalien und Katholische Bräuche*
Kirchengeschichte - *Die Geschichte der katholischen Kirche*
Firmung - *Firmvorbereitung*
Marienweihe - *Marienweihe für Kinder*

Wir bieten diese Schriften gratis an, damit sie auf unkomplizierte Weise weit verbreitet werden. Für Spenden zur Deckung der Druck- und Versandkosten sowie zur Förderung unserer vielfältigen Apostolate sind wir sehr dankbar. Die Priesterbruderschaft St. Petrus sagt für jede Gabe ein herzliches Vergelt´s Gott!